¡Así se dice!

Workbook and Audio Activities

SPANISH 4

Conrad J. Schmitt

Mc
Graw
Hill
Education

Bothell, WA • Chicago, IL • Columbus, OH • New York, NY

mheonline.com

Send all inquiries to:
McGraw-Hill Education
8787 Orion Place
Columbus, OH 43240

ISBN: 978-0-07-666859-5
MHID: 0-07-666859-2

Printed in the United States of America.

2 3 4 5 6 7 8 9 QVS 19 18 17 16 15

Contenido

España

CAPÍTULO 1

España

Lección 1: Cultura
Vocabulario

A Completa.

1. Es difícil y a veces peligroso conducir o manejar a lo largo de las

   _____ del mar cuando hay mucha _____ porque
   no se puede ver bien.

2. Una _____ no es tan alta como una montaña.

3. El _____ y la _____ son los monarcas y llevan una

   _____ de _____ preciosas.

4. Las tropas del rey _____ contra los enemigos y salieron victoriosas en

   la _____. La ganaron.

5. Una _____ es un tipo de barco o nave antigua.

B Identifica.

1. _____

2. _____

C Da la palabra cuya definición sigue.

1. de otro país o nación _____

2. escapar_____

3. relativo al verano _____

4. un período de cien años _____

5. un conflicto serio; una serie de batallas _____

6. ser muy parecido _____

La geografía

D Corrige las frases falsas.

1. España y Portugal forman una isla.

   _____

2. España no tiene muchas montañas.

   _____

3. El paisaje gallego es todo amarillo y se parece mucho al paisaje de Andalucía.

   _____
   _____

4. En el centro de España hay mucha neblina y llueve mucho.

   _____
   _____

5. En el verano los pueblos andaluces de la Sierra Nevada y la Sierra Morena son verdaderos hornos.

   _____
   _____

6. Las islas Baleares están en el Atlántico al oeste de África.

   _____
   _____

Una ojeada histórica

E Contesta.

1. ¿Qué evento importante ocurrió en España en 711?

   _____

   _____

2. ¿Por cuánto tiempo se quedaron en España?

   _____

   _____

3. ¿Cómo fue la ciudad de Córdoba en la Edad Media?

   _____

   _____

4. ¿Cuáles son algunas palabras de origen árabe?

   _____

   _____

5. ¿Cuándo dice uno «¡Buen provecho!»?

   _____

   _____

6. ¿Cuándo empezó la Reconquista?

   _____

   _____

7. ¿Quiénes eran los Reyes Católicos?

   _____

   _____

8. ¿Qué establecieron ellos en 1481? ¿Para qué?

   _____

   _____

9. ¿Cuáles son tres eventos importantes que ocurrieron en 1492?

   _____

   _____

   _____

10. ¿Adónde llegó Colón?

   _____

   _____

Visitas históricas

F Completa.

1. Madrid y Barcelona son dos _____.

2. La residencia veraniega de los reyes moros en Granada era _____.

3. En Mérida puedo ver _____.

4. Y en Segovia puedo ver _____.

Comida

G Prepara una lista de todas las comidas españolas que conoces.

_____

_____

_____

_____

Lección 2: Gramática

Pretérito de los verbos regulares

Ⓐ Indica si el adverbio expresa tiempo pasado o presente.

	pasado	presente
1. ahora	☐	☐
2. ayer	☐	☐
3. este año	☐	☐
4. en este momento	☐	☐
5. hace un año	☐	☐
6. anoche	☐	☐
7. esta noche	☐	☐
8. el verano pasado	☐	☐

Ⓑ Completa con el pretérito del verbo.

Anoche yo _____ (sentarse) en la terraza de un café en la
                                1

Castellana, una calle bonita de Madrid. Yo _____ (comenzar) a mirar
                                              2

a la gente que pasaba por el café. De repente un autobús _____
                                                                    3

(pararse) en la esquina y _____ (bajar[se]) mi amigo Carlos. Él me
                                              4

_____ (ver) y _____ (sentarse) a la mesa conmigo.
                5   6

Nosotros dos _____ (empezar) a hablar de muchas cosas. Luego él me
                                          7

_____ (invitar) a ir con él a un mesón. Yo lo _____
                8   9

(acompañar). En el mesón nosotros _____ (comer) algunas tapas y
                                                10

_____ (escuchar) la música de los tunos. Nosotros
                11

_____ (pasar) unas horas muy agradables.
                12

C   Escribe el párrafo en el pretérito.

Mis amigos y yo pasamos unos días en Madrid. José, un amigo de mi hermano, me invita a ir al barrio viejo. Nos sentamos en la terraza de un café en la Plaza Mayor. Luego él me invita a ir a un mesón en la calle de Cuchilleros. Cuando entramos, José ve a otro amigo, Felipe. Felipe conversa con nosotros y sale poco después. Luego entran otros amigos y todos hablamos juntos. Llego a casa muy tarde pero no importa porque lo paso muy bien en Madrid.

_____

_____

_____

_____

_____

_____

_____

_____

_____

Gramática

Pretérito de los verbos de cambio radical e → i, o → u

A Escribe frases según el modelo.

> MODELO   **yo / langosta / él / camarones (pedir) →**
> **Yo pedí langosta y él pidió camarones.**

1. yo / pescado / él / papas (freír)

   _____

2. ella / el plato principal / yo / la ensalada (servir)

   _____

3. él y yo / postre / yo / ensalada (pedir)

   _____

4. todos ellos / el postre / yo también lo (repetir)

   _____

5. ellos / enseguida / yo / también (dormirse)

   _____

6. usted casi / de hambre / yo casi / de sed (morirse)

   _____

B Escribe en el pretérito.

1. El paciente pide ayuda cuando llega a la sala de emergencia.

   _____

2. Los médicos consiguen cerrarle la herida.

   _____

3. La enfermera viste al niño.

   _____

4. ¿Por qué no pides anestesia?

   _____

5. Los pacientes no se ríen de nada.

   _____

Gramática

Pretérito de los verbos irregulares

A Completa con el pretérito de los verbos.

1. Yo _____ un carro. (conducir)

2. Lupe _____ otro carro. (conducir)

3. Nosotros _____ a un restaurante bueno y económico en el campo. (ir)

4. El camarero _____ a la mesa. (venir)

5. Él _____ el menú y lo _____ en la mesa. (traer, poner)

6. La mayoría de nosotros no lo _____ comprender. (poder)

7. Ana nos lo _____. (traducir)

8. Nosotros _____ que pedir en español porque el camarero no comprendió ni una palabra de inglés. (tener)

9. Una vez él no comprendió y nos _____ una señal. (hacer)

10. Y luego nosotros se lo _____ otra vez. (decir)

11. Después de comer, nosotros _____ por los jardines. (andar)

12. Nadie _____ volver a la ciudad. (querer)

B Contesta según la Actividad A.

1. ¿Quiénes condujeron?

_____

2. ¿Adónde fueron ustedes?

_____

3. ¿Qué hizo el camarero cuando vino a la mesa?

_____

4. ¿Quién tradujo el menú?

_____

5. ¿Por qué tuvo que traducir el menú?

_____

6. ¿Por qué fue necesario pedir en español?

_____

7. ¿Por qué anduvieron ustedes por los jardines después de comer?

_____

C Escribe en el pretérito.

1. Elena va a España. Ella lo pasa bien allí. Se divierte mucho.

_____

_____

2. Lo encuentra muy fácil viajar de un lugar a otro.

_____

_____

3. Un día hay un tapón en la autopista y Elena y sus amigos llegan tarde a Barajas, el aeropuerto de Madrid. Pierden su vuelo y tienen que tomar el puente aéreo.

_____

_____

_____

4. Cuando llegan a Palma de Mallorca los conductores de los autocares están en huelga *(on strike)*. ¿Qué hacen? Ponen sus maletas en el baúl de un taxi y van a la ciudad. Una vez más no hay problema. El taxista les cobra lo que indica el taxímetro.

_____

_____

_____

_____

5. Van de Madrid a Sevilla en el AVE. En menos de tres horas están en Sevilla.

_____

_____

6. Pero no pueden tomar el AVE a La Coruña. Tienen que tomar el tren nocturno y el viaje es mucho más largo pero no importa porque se divierten mucho en el tren.

_____

_____

_____

Gramática

Sustantivos y artículos

A Completa con el artículo apropiado y el adjetivo.

1. _____ agua del océano es _____. (salado)

2. _____ armas de fuego son _____. (peligroso)

3. _____ hambre en aquel país es _____. (espantoso)

4. _____ águila tiene _____ ala _____. (roto)

5. _____ problema existe en _____ (todo) _____ área
   _____. (metropolitano)

B Completa con el artículo definido.

1. _____ mapas están en la guantera del carro.

2. No, _____ programa no está en la guantera.

3. No está funcionando _____ sistema eléctrico.

4. Recibí _____ telegrama esta mañana.

5. Él me indicó _____ días que estaría con nosotros.

C Escribe en el singular o en el plural.

1. El tema es muy interesante.

   _____

2. Los mapas de los sistemas de metro están con los telegramas.

   _____

3. Me gustan más los poemas que los dramas.

   _____

4. Las fotos están en las manos del niño.

   _____

España

Lección 1: Cultura

Actividad A Escucha y repite.

Actividad B Escucha y contesta.

Actividad C Escucha.

Actividad D Escucha y escribe.

1. _____
2. _____
3. _____
4. _____
5. _____

Actividad E Mira, escucha y escribe.

1. año en que invadieron los moros _____
2. por cuanto tiempo se quedaron _____
3. su capital _____
4. lo que hacían los moros _____

   _____

   _____
5. palabras de origen árabe _____
6. productos de origen árabe _____
7. expresiones de cortesía _____
8. el primer rey de la dinastía española _____
9. la Reconquista _____

Lección 2: Gramática

Actividad A Escucha y contesta.

Actividad B Escucha y contesta.

Actividad C Escucha y escoge.

    1. a   b   c

    2. a   b   c

    3. a   b   c

    4. a   b   c

    5. a   b   c

    6. a   b   c

Actividad D Escucha y contesta.

Actividad E Escucha y escoge.

    1. a   b   c

    2. a   b   c

    3. a   b   c

    4. a   b   c

    5. a   b   c

    6. a   b   c

    7. a   b   c

    8. a   b   c

Actividad F Escucha y contesta.

Actividad G Escucha y habla.

Actividad H Mira, escucha y contesta.

1. hacha

2. arma

3. ala

4. agua

5. águila

Actividad I Mira, escucha y contesta.

1. mapa de España
2. planetas
3. poema
4. sistema de metro
5. programa cómico
6. telegrama

Países andinos

CAPÍTULO 2

Países andinos

Lección 1: Cultura
Vocabulario

A Completa.

1. El ___oro___ y la ___plata___ son metales preciosos.
2. Durante el invierno se puede ver los picos ___nevados___ de las montañas.
3. Una ___tejedor___ teje un ___l___.
4. Es una vista muy bonita, muy ___bella___.
5. Es una zona muy ___lluviosa___ donde siempre hay mucha precipitación.
6. Es una zona ___calurosa___ donde siempre hace mucho calor.
7. Ellos no son pobres. Son bastante ___acomodados___.
8. No es dulce. Todo lo contrario. Es muy ___agrio___.

B Da una palabra relacionada.

1. llover ___lluvioso___
2. nevar ___nevado___
3. la subyugación ___subyugar___
4. el calor ___caluroso___
5. la belleza ___bello___
6. cómodo ___acomodado___
7. la escasez ___escaso___
8. tejer ___tejedo, tejedor___

C Contesta.

1. ¿Qué es un quipu? _____
   _____
2. ¿Qué es un criollo? ___Un criollo es una persona de español nacida___
3. ¿Qué es un(a) tejedor(a)? ___Un tejedor es una persona que___ ___en las Americas___
   ___teje algo.___

La geografía

D Contesta.

1. ¿En cuántas zonas geográficas se dividen Ecuador y Perú?

   Tres zonas geográficas muy diferentes

2. ¿Cuáles son?

   la costa, en el oeste, llamada el litoral en Perú, en el centro
   la sierra o cordilla, y el este, la zona amazónica

3. ¿Por qué vive el menor número de habitantes en la zona de las selvas?
   La selva
   el oriente

   No viene muchas personas en la zona de selva a
   causa del calor, a la vegetacion

4. ¿Qué es la corriente Humboldt?

   _____

   _____

5. ¿Por qué no tiene costa Bolivia?

   _____

   _____

Una ojeada histórica

E Identifica.

1. el Inca _____

   _____

2. el ayllu _____

   _____

3. Viracocha _____

   _____

4. el quechua _____

   _____

5. el quipu _____

_____

_____

6. Machu Picchu _____

_____

7. los chasquis _____

_____

8. el chuño _____

_____

9. el charqui _____

_____

F Contesta.

1. Después de la muerte de Huayna Capac, ¿en qué se dividió el gran Imperio?

_____

_____

2. ¿Por qué encontró Francisco Pizarro muy poca resistencia?

_____

_____

_____

3. ¿Qué querían hacer los conquistadores?

_____

_____

_____

4. ¿Por qué querían convertir a los indígenas?

_____

_____

G Explica lo que es la encomienda.

_____

_____

_____

_____

_____

H ¿Sí o no?

	sí	no
1. Durante la primera parte de la colonización, el Virreinato de Perú incluía solamente Perú y Ecuador.	☐	☐
2. Las ciudades que establecieron los colonizadores se parecían mucho a las ciudades de España.	☐	☐
3. La plaza se situaba en las afueras.	☐	☐
4. Las casas de la gente de la clase alta solían tener dos pisos y balcones de madera.	☐	☐
5. Las casas de las clases más humildes tenían más pisos pero una familia diferente vivía en cada piso.	☐	☐
6. En la sociedad colonial había muy pocas diferencias sociales.	☐	☐

I Contesta.

1. Después de tres siglos de dominación española, ¿quiénes pedían reformas?

_____

_____

2. ¿Por qué querían su independencia? ¿Qué no pudieron seguir aceptando?

_____

_____

_____

3. ¿Cuál fue otro suceso histórico que contribuyó al deseo de independencia?

_____

_____

_____

4. ¿Cuándo empezaron las rebeliones independentistas?

_____

5. ¿Quién luchó en el norte?

_____

6. ¿Quién luchó en el sur?

_____

_____

7. ¿Dónde se encontraron los dos?

_____

8. ¿Qué batallas determinaron la independencia?

_____

_____

9. Después de la independencia, ¿en qué se dividieron los antiguos virreinatos?

_____

_____

10. ¿Qué países sudamericanos han conservado una mayor población indígena?

_____

_____

Visitas históricas

J Identifica.

1. Machu Picchu _____

_____

_____

2. Chan Chan _____

_____

_____

3. Otavalo _____

_____

_____

4. El Convento de Santa Catalina _____

_____

_____

Lección 2: Gramática

El imperfecto

A Escribe en el plural.

1. Yo vivía en La Paz.

   _____

2. Yo tenía una casa de dos pisos.

   _____

3. Mi hermano dormía en el segundo piso.

   _____

4. Él dormía mucho, pero yo no. Yo siempre estudiaba.

   _____

   _____

5. Y tú, ¿dormías mucho o estudiabas mucho cuando eras muy joven?

   _____

   _____

B Completa con el imperfecto del verbo indicado.

1. La señora Martín _____ en Cuenca, Ecuador. (vivir)

2. Todos los días el chófer la _____ al mercado. (llevar)

3. Allí ella _____ comida y otras cosas que _____.
   (comprar, necesitar)

4. Cuando ella _____ al mercado, les _____ monedas
   a los pícaros que de costumbre la _____ en la calle. (ir, dar, esperar)

5. Los niños _____ que esta señora rica _____ muy
   generosa. (saber, ser)

6. Por la tarde la señora _____ a casa. (volver)

C Completa con el imperfecto del verbo indicado.

1. Cuando Pablo _____ muy joven, él _____ con frecuencia a las montañas. (ser, ir)

2. Su padre lo _____ siempre. (acompañar)

3. Ellos _____ casi todos los sábados. (ir)

4. Cuando ellos _____ a las montañas, _____ una merienda. (llegar, preparar)

5. Papi _____ el almuerzo y Pablito _____ la mesa plegable. (preparar, poner)

6. _____ un lago en las montañas. (haber)

7. Pablo _____ en el lago cuando _____ buen tiempo. (nadar, hacer)

8. A Pablo le _____ mucho estas pequeñas excursiones con papi. (gustar)

Gramática

Imperfecto y pretérito

A Escoge.

1. ¿A qué hora _____ anoche?

   a. llegabas   **b.** llegaste

2. Siempre _____ bien.

   a. jugaba   **b.** jugó

3. En la universidad _____ todas las noches.

   a. estudiábamos   **b.** estudiamos

4. Ellos _____ el otro día.

   a. venían   **b.** vinieron

5. Carlos me lo _____ ayer.

   a. decía   **b.** dijo

6. Alguien te _____ por teléfono hace una hora.

   a. llamaba   **b.** llamó

7. La profesora _____ el poema para la clase.

   a. traducía   **b.** tradujo

8. María _____ cuando su padre llamó por teléfono.

   a. comía   **b.** comió

B Completa con el imperfecto o el pretérito.

Elena _____ (estar) para salir de una iglesia pequeña del casco
                    1

antiguo. _____ (Haber) mucha gente en el portón y un señor
                 2

_____ (empujar) a Elena. Ella _____ (creer) que el
          3   4

señor _____ (querer) avanzar. Pero unos momentos después ella se
              5

_____ (dar) cuenta de que ya no _____ (tener) su
          6   7

cartera. Afortunadamente Elena no _____ (llevar) mucha plata y el
                                          8

carterista _____ (robar) solo unos veinte dólares.
                  9

C Completa con el imperfecto o el pretérito.

Cuando yo _____ (ser) niño(a), yo _____
1   2

(levantarse) temprano los sábados. A las seis de la mañana, yo _____
3

(salir) de casa con mi familia. En el invierno nosotros _____ (ir) a las
4

montañas y en el verano _____ (ir) a la playa. En las montañas yo
5

siempre _____ (esquiar). En la playa toda la familia
6

_____ (nadar). Nosotros _____ (correr) las olas o
7   8

_____ (tomar) el sol.
9

Una vez mi hermano menor _____ (ponerse) enfermo. Por eso
10

nosotros _____ (tener) que volver a casa temprano. Mi madre
11

_____ (llamar) al médico y él _____ (venir)
12   13

enseguida. Él _____ (examinar) a mi hermanito y nos
14

_____ (decir) que él había tomado demasiado sol.
15

Gramática

Dos acciones en la misma frase

A Completa con el imperfecto o el pretérito.

1. Mamá _____ cuando papi

_____ por teléfono. (comer, llamar)

2. Yo _____ cuando me

_____. (esquiar, caer)

3. Tomás, ¿qué _____ cuando yo te

_____? (jugar, ver)

4. Los jóvenes _____ cuando el profesor

_____. (estudiar, llegar)

5. Yo _____ en el sofá cuando mis amigos me

_____. (dormir, despertar)

Gramática

Tiempos progresivos

A Contesta.

1. En este momento, ¿qué estás haciendo?

   _____
   _____

2. ¿Y qué están haciendo los otros miembros de tu familia?

   _____
   _____

3. Ayer a la misma hora, ¿qué estabas haciendo?

   _____
   _____

4. ¿Qué estaba haciendo tu amigo(a)?

   _____
   _____

B Escribe en el presente progresivo.

1. El agente habla con uno de los pasajeros.

   _____

2. Le dice de qué puerta va a salir su vuelo.

   _____

3. Otro pasajero factura su equipaje.

   _____

4. Yo hago cola y espero.

   _____

5. El asistente de vuelo lee los reglamentos de seguridad.

   _____

6. Un pasajero le pide algo a la asistenta de vuelo.

   _____

7. Ella le trae un periódico.

   _____

Gramática

Comparativo y superlativo

A Contesta de acuerdo con lo que pasa en tu clase.

1. ¿Quién recibe las notas más altas de la clase?

   _____

2. ¿Quién tiene el pelo más rubio?

   _____

3. ¿Quién es el/la más alto(a)?

   _____

4. ¿Quién tiene los ojos más azules?

   _____

5. ¿Quién tiene los ojos más castaños?

   _____

6. ¿Quién recibe notas más altas que tú?

   _____

7. ¿Quién es más alto(a) que tú?

   _____

8. ¿Quién es mayor que tú?

   _____

9. ¿Quién es menor que tú?

   _____

10. ¿Quién canta mejor que tú?

    _____

11. ¿Quién canta peor que tú?

    _____

12. ¿Quién habla más que el/la profesor(a)?

    _____

Gramática

Comparativo de igualdad

Ⓐ Forma una sola frase usando el comparativo de igualdad.

1. Sanlúcar de la Frontera tiene dos mil habitantes. San Bernardo tiene dos mil habitantes.

   _____

   _____

2. Sanlúcar es pequeño. San Bernardo es pequeño.

   _____

   _____

3. La plaza de Sanlúcar es bonita. La plaza de San Bernardo es bonita.

   _____

   _____

4. Hay muchas fuentes es Sanlúcar. Hay muchas fuentes en San Bernardo.

   _____

   _____

5. Sanlúcar está lejos de la capital. San Bernardo está a igual distancia de la capital.

   _____

   _____

6. El pueblo de Sanlúcar es pintoresco. El pueblo de San Bernardo es pintoresco.

   _____

   _____

CAPÍTULO 2
Países andinos

Lección 1: Cultura

Actividad A Escucha y repite.

Actividad B Escucha y escoge.

	correcta	incorrecta
1.	☐	☐
2.	☐	☐
3.	☐	☐
4.	☐	☐
5.	☐	☐
6.	☐	☐
7.	☐	☐

Actividad C Escucha y escoge.

_____ agrio

_____ bello

_____ criollo

_____ subyugar

_____ apoyar

_____ escaso

Actividad D Escucha y escoge.

	sí	no
1.	☐	☐
2.	☐	☐
3.	☐	☐
4.	☐	☐
5.	☐	☐

Actividad E Escucha y escoge.

1. a   b   c
2. a   b   c
3. a   b   c
4. a   b   c
5. a   b   c

Actividad F Escucha.

Actividad G Escucha y escoge.

	sí	no			sí	no
1.	☐	☐		5.	☐	☐
2.	☐	☐		6.	☐	☐
3.	☐	☐		7.	☐	☐
4.	☐	☐		8.	☐	☐

Actividad H Escucha y escribe.

productos	animales

Actividad I Mira, escucha y escribe.

1. La señorita dice que quieren visitar lugares en Perú y
   _____.

2. Lo más intacto de lo que construyeron los incas es _____.

3. La ciudad de Chan Chan fue construido por los _____.

4. Chan Chan fue más grande y más poblado que cualquier ciudad de
   _____.

5. El mercado que se recomienda visitar es el mercado de
   _____.

6. Los otavaleños son famosos por su preciosos _____.

7. La influencia española se ve en las _____ de Quito, Sucre
   y Lima.

8. Y en Arequipa deben visitar el _____ de Santa Catalina.

Lección 2: Gramática

Actividad A Escucha y escoge.

1. a   b   c
2. a   b   c
3. a   b   c
4. a   b   c
5. a   b   c
6. a   b   c

Actividad B Escucha y habla.

Actividad C Escucha y habla.

Actividad D Escucha y contesta.

Actividad E Escucha y escoge.

	pretérito	imperfecto
1.	☐	☐
2.	☐	☐
3.	☐	☐
4.	☐	☐
5.	☐	☐
6.	☐	☐
7.	☐	☐
8.	☐	☐

Actividad F Escucha y contesta.

Actividad G Escucha y contesta.

Actividad H Escucha y escoge.

1. a   b
2. a   b
3. a   b
4. a   b
5. a   b
6. a   b

Actividad I Mira y habla.

    MODELO **Rosa / comer** **Luis / llegar**

    1. yo / estudiar   tú / llamar

    2. nosotros / leer   teléfono / sonar

    3. ellos / jugar   empezar a llover

    4. ustedes / bailar   nosotros / entrar

    5. tú / bañarse   mamá / salir

Actividad J Escucha y contesta.

Actividad K Escucha y contesta.

Actividad L Escucha y contesta.

Actividad M Escucha y contesta.

Actividad N Mira y habla.

    MODELO **yo / viajar**

    1. tú / estudiar

    2. nosotros / conducir

    3. ellos / dormir

    4. usted / esperar

    5. el cocinero / preparar tacos

Actividad O Escucha y contesta.

Actividad P Escucha y habla.

Actividad Q Escucha y contesta.

Actividad R Escucha y contesta.

El Cono sur

CAPÍTULO 3 — El Cono sur

Lección 1: Cultura
Vocabulario

A Parea.

1. _____ el viñedo
2. _____ el cerro
3. _____ la llanura
4. _____ el chaparrón
5. _____ el odio
6. _____ belicoso
7. _____ pacífico
8. _____ la ráfaga
9. _____ la huerta
10. _____ austral

a. agresivo
b. la lluvia
c. tranquilo
d. los vegetales
e. las uvas
f. el rencor
g. el monte
h. sur
i. la sabana
j. el viento

B Indica si las dos palabras están relacionadas o no.

	sí	no
1. la llanura / los llanos	☐	☐
2. la llanura / lleno	☐	☐
3. el cerro / el cierre	☐	☐
4. austral / Austria	☐	☐
5. un viñedo / una vid	☐	☐
6. belicoso / bello	☐	☐

C Completa.

1. Un _____ es una tormenta o tempestad.
2. El ganado pace en las _____ argentinas.
3. Un _____ no es muy alto.
4. Un _____ da uvas.
5. Una _____ es un viento que aumenta de velocidad rápidamente y que dura muy poco tiempo.

D Usa cada palabra en una frase original.

1. austral

_____

2. belicoso

_____

3. la sabana

_____

4. el chaparrón

_____

5. el peonaje

_____

La geografía

E Contesta.

1. ¿Qué países comprende el Cono sur?

_____

2. ¿Qué forma tiene Chile?

_____

3. ¿Cómo es el desierto de Atacama y dónde está?

_____

4. ¿Cómo es el clima en la región de Santiago?

_____

5. ¿Qué tiempo hace más al sur?

_____

F Completa.

1. Se puede dividir Argentina en _____ grandes regiones naturales.

2. Las llanuras del nordeste es una región _____. Es famosa por su

_____ y agricultura.

3. _____ es la región de volcanes, altiplanos y una gran población

_____.

4. _____ es una inmensa llanura de hierba que cubre un 25 por

ciento del país. Es la región del famoso _____ argentino.

5. _____ y _____ son regiones frías y secas

de llanuras de suelo seco y rocoso.

G ¿Sí o no?

	sí	no
1. Uruguay es el país más grande de la América del Sur.	☐	☐
2. En los llanos uruguayos hay muchas estancias grandes.	☐	☐
3. Paraguay, como Bolivia, no tiene costa.	☐	☐
4. En muchas partes de Paraguay hace frío durante todo el año.	☐	☐
5. El Chaco es una zona muy húmeda.	☐	☐

Una ojeada histórica

H Explica.

1. las diferencias entre los grupos indígenas al norte del Cono sur y los del Cono sur

_____

_____

_____

_____

2. las características de los guaraníes de Paraguay

_____

_____

_____

_____

3. las influencias guaraníes en la vida contemporánea paraguaya

_____

_____

_____

_____

❶ Contesta.

1. ¿De qué es el gaucho el símbolo?

_____

_____

2. ¿Por qué apareció el gaucho?

_____

_____

3. ¿Quiénes eran los gauchos?

_____

_____

4. ¿Qué llevaban?

_____

_____

5. ¿De qué eran los guardianes?

_____

_____

6. ¿Qué no conocían los gauchos?

_____

_____

7. ¿Qué tipo de espíritu tenían?

_____

_____

8. ¿Con quiénes se comparan de vez en cuando?

_____

_____

❿ En tus propias palabras, escribe una biografía breve de Evita Duarte de Perón.

_____

_____

_____

_____

_____

_____

K   Contesta.

1. ¿Dónde están la Patagonia y la Tierra del Fuego?
_____

2. ¿Qué tipo de región es?
_____
_____

3. ¿Cómo se compara la costa patagónica chilena con la argentina?
_____
_____
_____

4. ¿Qué hay en el interior de la Patagonia?
_____
_____

5. ¿De dónde viene el nombre de los pingüinos?
_____

6. ¿Cómo recibió su nombre la Patagonia?
_____
_____

7. Y, ¿la Tierra del Fuego?
_____
_____
_____

8. ¿Qué es Ushuaia?
_____
_____

Visitas históricas y comida

L   Si haces un viaje al Cono sur, ¿qué quieres visitar y qué quieres comer?
_____
_____
_____
_____
_____

Lección 2: Gramática
Presente de los verbos regulares e irregulares

A Completa con el presente del verbo indicado.

1. Nosotros _____ español cuando _____ en Argentina. (hablar, estar)

2. Cuando yo _____ a Uruguay _____ mucho bife. (ir, comer)

3. Nosotros _____ en Montevideo pero nuestros primos _____ en una estancia en el campo. (vivir, vivir)

4. Los domingos hay mucha gente que _____ el tango y _____ el bandoneón en las calles de San Telmo en Buenos Aires. (bailar, tocar)

5. Cuando yo _____ en Paraguay, _____ cantar a los guaraníes con sus voces melodiosas. (estar, escuchar)

B Escribe cada frase cambiando **nosotros** a **yo**.

1. Cerramos la puerta a las ocho.

   _____

2. No queremos ir.

   _____

3. Lo negamos.

   _____

4. Lo recordamos todo.

   _____

5. Queremos y podemos.

   _____

C Escribe cada frase cambiando **yo** a **nosotros**.

1. Pienso que sí. _____
2. Almuerzo temprano. _____
3. Vuelvo con ellos. _____
4. Lo prefiero así. _____
5. Siempre pido la misma cosa. _____
6. No lo repito. _____

D Contesta sobre un viaje imaginario a Chile.

1. ¿Haces un viaje a Chile?

_____

2. ¿Cuándo sales?

_____

3. ¿Cómo vas?

_____

4. ¿Tienes tu pasaporte?

_____

5. ¿Conoces el país o es tu primera visita?

_____

6. ¿Sabes el número de tu vuelo?

_____

7. ¿Oyes el anuncio de la salida de tu vuelo?

_____

E Escribe de nuevo las respuestas de la Actividad D, cambiando **yo** a **mis amigos.**

1. _____

2. _____

3. _____

4. _____

5. _____

6. _____

7. _____

F Escribe de nuevo las respuestas de la Actividad E, cambiando **mis amigos** a **mis amigos y yo.**

1. _____

2. _____

3. _____

4. _____

5. _____

6. _____

7. _____

Gramática

¿Ser o estar?

Ⓐ Completa con la forma apropiada de **ser** o **estar**.

1. ¿De dónde _____ yo? Yo _____ de

   _____.

2. Mi padre _____ de _____.

3. Mi madre _____ de _____.

4. Ahora nosotros _____ en _____.

5. Nuestra casa _____ en la calle _____.

6. La calle _____ en _____.

7. La calle _____ ancha.

8. Nuestra casa _____ pequeña.

9. Las flores que _____ en la mesa _____ de nuestro
   jardín.

10. Las flores _____ amarillas y rojas.

Ⓑ Escoge.

1. Joselito _____ cansado.

   a. está   **b.** es

2. No se siente bien. _____ enfermo.

   a. Está   **b.** Es

3. Él _____ en el hospital.

   a. está   **b.** es

4. El enfermero que lo cuida _____ muy simpático.

   a. está   **b.** es

5. Él _____ bastante joven.

   a. está   **b.** es

6. Siempre _____ de buen humor.

   a. está   **b.** es

7. Siempre tiene una sonrisa. Nunca _____ triste.

   a. está   **b.** es

8. Su personalidad _____ muy agradable.

   a. está   **b.** es

C Completa con **ser** o **estar**.

1. Arica _____ en la costa de Chile.

2. Arica _____ en el norte en el desierto de Atacama.

3. Las playas de arena blanca de Arica _____ muy bonitas.

4. Las playas _____ muy populares con los bolivianos.

5. Las aguas de la costa Pacífica _____ por lo general muy frías a causa de la corriente de Humboldt.

6. Pero las aguas de las playas de Arica _____ más calientes.

7. La iglesia de San Marcos _____ en la plaza principal de Arica.

8. Esta iglesia _____ muy interesante.

9. La iglesia _____ de Inglaterra pero ahora _____ en Arica, Chile. ¿Cómo puede _____?

10. Pues, enviaron la iglesia en piezas prefabricadas de Inglaterra. La torre de la iglesia _____ de acero. Y, ¿quién la diseñó? El famoso Alexandre Eiffel quien construyó la torre Eiffel que _____ en París.

Gramática

Pronombres de complemento

A Contesta con **sí** usando un pronombre.

1. ¿Conoces *a Juan*?

   _____

2. ¿Conoces *a su hermana* también?

   _____

3. ¿Ellos *te* conocen bien?

   _____

4. ¿Hablaste *a Felipe* de tu viaje a Panamá?

   _____

5. ¿Hablaste *a su hermana* también?

   _____

6. ¿Dijiste *a los dos* cuanto te costaría el viaje?

   _____

B Contesta con **sí** usando pronombres.

1. ¿Hablaste al agente del banco?

   _____

2. ¿Él te dio tu tarjeta bancaria?

   _____

3. ¿Él te dio las instrucciones para usar el cajero automático?

   _____

4. ¿Le dio su tarjeta bancaria a tu hermana?

   _____

5. ¿Le dio su código también?

   _____

6. ¿Les dieron tus padres el dinero para abrir la cuenta corriente?

   _____

Gramática

Verbos como gustar

A Expresa las siguientes ideas en español.

1. That (**Eso**) really bothers me.

_____

2. It surprises me.

_____

3. It scares me.

_____

4. It makes me angry.

_____

B ¿Qué pasó en la Actividad A? Usa tu imaginación.

_____

_____

_____

_____

_____

_____

_____

C Completa.

1. Él me enfurece porque _____.

2. Él me enoja porque _____.

3. Él me sorprendió porque _____.

4. Él me asustó porque _____.

D Cambia **preferir** en **gustar más.**

1. Prefiero el bife argentino.

   _____

2. Carlos prefiere la carne vuelta a vuelta.

   _____

3. Tú la prefieres quemada, ¿no?

   _____

4. Nosotros preferimos el pescado y los mariscos.

   _____

5. Carolina prefiere el chupe de mariscos.

   _____

6. Mis amigos prefieren el pescado.

   _____

E Cambia **necesitar** en **faltar.**

1. Necesito tiempo.

   _____

2. ¿Necesitas dinero?

   _____

3. Ellos necesitan cambio.

   _____

4. Necesitamos unos días de descanso.

   _____

Gramática

Palabras negativas y afirmativas

A Contesta según los dibujos.

1. ¿Hay algo en la mesa?

_____

¿Qué hay en mesa?

_____

_____

2. ¿Tiene algo en la mano el muchacho?

_____

_____

_____

3. ¿Está leyendo alguien el periódico?

_____

_____

4. Cuando miras detrás de la puerta, ¿ves a alguien?

_____

_____

¿Quién está detrás de la puerta?

_____

_____

5. ¿Alguien está en el garaje?

_____

_____

¿Quién está en el garaje?

_____

_____

6. ¿Tiene la señorita algo para leer?

_____

_____

¿Qué tiene para leer?

_____

_____

B Escribe en la forma negativa.

1. A él le importa y a mí también.

_____

2. Siempre compramos algo.

_____

3. Alguien viene a la reunión.

_____

4. ¿Viste a alguien en la huerta?

_____

5. ¿Hay algún viñedo cerca de donde vives?

_____

CAPÍTULO 3

El Cono sur

Lección 1: Cultura

Actividad A Escucha y repite.

Actividad B Mira, escucha y escoge.

1. _____ el peonaje
2. _____ belicoso
3. _____ el chaparrón
4. _____ la sabana
5. _____ el cerro
6. _____ el odio

Actividad C Escucha y contesta.

Actividad D Escucha.

Actividad E Mira, escucha y escribe.

1. Evita como niña y joven

_____

_____

2. Evita como política

_____

_____

_____

3. un secreto que tenía Evita

_____

_____

Lección 2: Gramática

Actividad A Escucha y contesta.

Actividad B Escucha y contesta.

Actividad C Escucha y repite.

Actividad D Escucha y habla.

Actividad E Escucha y habla.

Actividad F Escucha y habla.

Actividad G Escucha y habla.

Actividad H Escucha y contesta.

Actividad I Escucha y escribe.

1. _____
2. _____
3. _____
4. _____
5. _____
6. _____
7. _____
8. _____

Actividad J Escucha y escoge.

1. a b
2. a b
3. a b
4. a b
5. a b

Actividad K Escucha y contesta.

Actividad L Escucha y contesta.

Actividad M Escucha y habla.

Actividad N Escucha y contesta.

Actividad O Escucha y contesta.

Actividad P Mira, escucha y contesta.

1. aburrida
2. aburridos
3. enfermo
4. enferma
5. cansados
6. triste
7. sí / listos
8. sí / lista

Actividad Q Mira, escucha y contesta.

1. sábado / el estadio
2. 8:00 / el centro
3. domingo / el parque
4. en dos semanas / la capital

Actividad R Escucha y escoge.

1. a b c
2. a b c
3. a b c
4. a b c
5. a b c
6. a b c

Actividad S Escucha y contesta.

Actividad T Escucha y contesta.

Actividad U Escucha y habla.

Actividad V Escucha y contesta.

Actividad W Escucha y habla.

Actividad X Mira, escucha y contesta.

1. a Luis
2. a los niños
3. al diplomático
4. a mí
5. a los chilenos
6. al gaucho

Actividad Y Escucha y habla.

Actividad Z Escucha y habla.

La América Central

La América Central

Lección 1: Cultura
Vocabulario

A Completa.

1. _____ que cubre el bohío es de paja.

2. No es muy fácil caminar en la calle. Es una calle de _____.

3. _____ son edificios muy altos que se encuentran mayormente en las ciudades grandes.

4. A él le gusta correr. _____ hacer jogging cada mañana antes de tomar el desayuno.

5. La salsa está muy _____ porque tiene muchas especias.

6. Él _____ estatuas en madera.

B Da una palabra relacionada.

1. el traslado _____

2. picar _____

3. una calle _____

4. rascar _____

5. un taller _____

6. la tierra _____

C Completa con la letra que falta.

1. una ca_____e_____uela

2. sue_____e

3. ta_____a

4. una mo_____a

5. un bo_____ío

6. un te_____emoto

D Identifica.

1. un bohío

_____

2. un rascacielos

_____

3. un terremoto

_____

4. una mola

_____

La geografía

E Contesta.

1. ¿Qué comprende el istmo de Centroamérica?

_____

_____

2. ¿Qué se extiende desde el norte hasta el sur del istmo?

_____

_____

3. ¿Qué tiene Centroamérica?

_____

_____

4. ¿Cuál es una desventaja de los volcanes y cuál es una ventaja?

_____

_____

5. ¿Por qué tiene una gran variedad de terreno y clima el istmo?

_____

_____

6. ¿Quiénes son los Chocó?

_____

_____

7. Por lo general, ¿qué tiempo hace en las costas?

_____

_____

8. Y, ¿qué tiempo hace en la cordillera?

_____

_____

9. ¿Qué nombre se le da a la estación lluviosa?

_____

_____

10. ¿Qué nombre se le da a la estación seca?

_____

_____

Civilización precolombina—los mayas

F Identifica.

1. el calendario maya

_____

2. la escritura maya

_____

3. las estelas mayas

_____

_____

4. utensilios de los mayas

_____

5. el *Popul Vuh*

_____

6. la decadencia del Imperio maya

_____

_____

7. la población indígena de Guatemala hoy en día

_____

_____

Capitales centroamericanas

G Escribe por lo menos una frase para describir cada capital.

1. la Ciudad de Guatemala

_____

_____

2. Tegucigalpa

_____

_____

3. Managua

_____

_____

4. San José

_____

_____

H Contesta.

1. ¿Qué significa «Tegucigalpa»?

_____

2. ¿Qué significa «Managua»?

_____

3. ¿Por qué fue trasladada la capital de Guatemala de Antigua a la Ciudad de Guatemala?

_____

4. ¿Por qué fue trasladada la capital de Nicaragua de León a Managua?

_____

5. ¿Cuál fue la capital de Costa Rica cuando el país recibió su independencia en 1821?

_____

_____

Visitas históricas

I   Contesta.

1. ¿Dónde está Tikal y qué tipo de región es?

   _____

2. ¿Qué tipo de juego jugaban los mayas en la cancha de pelota que se puede ver en Copán? Descríbelo.

   _____

   _____

3. ¿Cómo viven los indígenas de las islas de San Blas en Panamá?

   _____

4. ¿Qué es una mola?

   _____

   _____

Comida

J   Contesta.

1. ¿A qué otra cocina tiene mucho parentesco la cocina de la mayoría de los países centroamericanos?

   _____

2. ¿Cómo les gustan las salsas?

   _____

3. ¿Cuál es el desayuno favorito de muchos nicas y ticos? ¿Qué es?

   _____

   _____

4. ¿Quiénes son los nicas y ticos?

   _____

5. ¿Cuál es un plato favorito de los salvadoreños? ¿Qué lleva?

   _____

   _____

6. Y, ¿cuál es el plato nacional de Panamá? ¿Qué lleva?

   _____

7. ¿Qué son «bocas» o «boquitas»?

   _____

Lección 2: Gramática

Usos del subjuntivo

A ¿Cuáles son cuatro cosas que tú quieres que tus amigos hagan mañana?

1. _____
2. _____
3. _____
4. _____

B ¿Cuáles son cuatro cosas que tus padres quieren que tú hagas?

1. _____
2. _____
3. _____
4. _____

C Completa.

1. Espero que (Tengo ganas de que) tú _____.
2. Francamente prefiero que tú _____.
3. Yo sé que tú quieres que yo _____.
4. Todo el mundo exige que (insiste en que) yo _____.
5. Pero yo insisto en que tú _____.

D Escribe cuatro cosas que tu profesor(a) de español insiste en que sus alumnos hagan.

1. _____
2. _____
3. _____
4. _____

E Completa con la forma apropiada del verbo indicado.

1. Creo que ellos _____ a venir. (ir)
2. Dudo que ellos no _____. (venir)
3. Es cierto que él lo _____ porque él me lo dijo. (saber)
4. Es dudoso que nosotros _____ porque dudo que _____ suficiente tiempo. (ir, tener)
5. No dudo que les _____ la idea. (gustar)
6. Dudo que la información _____ correcta. (ser)

Gramática

Otros usos del subjuntivo

A Completa.

1. Me sorprende que tú _____.

2. Nos alegramos de que ellos _____.

3. ¿Tienes miedo que yo _____?

4. Me gusta que tú _____.

5. Ella está contenta que nosotros _____.

B Forma frases.

1. nosotros / necesitar / asistente / ser / ambicioso

_____

2. nosotros / querer / asistente / hablar / español

_____

3. yo / conocer / alguien / ser / ambicioso

_____

4. pero / yo / no conocer / nadie / hablar / español

_____

5. ¿buscar / tú / personal / tener / experiencia?

_____

6. ellos / solicitar / candidatos / tener / experiencia

_____

7. Elena / tener / puesto / le / pagar / bien / le / gustar

_____

8. yo / querer / puesto / me / pagar / bien / me / gustar

_____

Gramática
Mandatos directos e indirectos

A Completa la tabla con los mandatos.

1. hablar	hable Ud.	no hable Ud.	hablen Uds.	no hablen Uds.	no hables
2. mirar					
3. leer					
4. escribir					
5. repetir					
6. volver					
7. cerrar					
8. salir					
9. venir					
10. conducir					

B Cambia **usted** a **tú.**

1. Hable usted.

   _____

2. Coma usted.

   _____

3. Pida usted.

   _____

4. Vuelva usted.

   _____

5. Diga usted.

   _____

6. Venga usted.

   _____

7. Ponga usted.

   _____

C Cambia los verbos de la Actividad B a la forma negativa.

1. _____
2. _____
3. _____
4. _____
5. _____
6. _____
7. _____

D Escribe una frase según el modelo.

MODELO   —Lo queremos hacer.
                —Pues, ¡que lo hagan ustedes!

1. Queremos salir.

_____

2. Queremos comer.

_____

3. Queremos conducir.

_____

4. Queremos nadar.

_____

5. Queremos ir a la playa.

_____

E Escribe de nuevo con **vamos a.**

1. Nademos.

_____

2. Tomemos el sol.

_____

3. Vamos a la playa.

_____

4. Demos un paseo.

_____

5. Salgamos.

_____

CAPÍTULO 4

La América Central

Lección 1: Cultura

Actividad A Escucha y repite.

Actividad B Escucha y contesta.

Actividad C Escucha y escoge.

	sí	no
1.	☐	☐
2.	☐	☐
3.	☐	☐
4.	☐	☐
5.	☐	☐
6.	☐	☐
7.	☐	☐

Actividad D Escucha.

Actividad E Escucha y escribe.

1. De todas las ciudades centroamericanas la Ciudad de Guatemala tiene la

_____.

2. La Ciudad de Guatemala es una ciudad moderna porque en 1917 había

_____ que causó mucha destrucción.

3. Antes de la Ciudad de Guatemala, _____ fue la capital del país.

4. Una vez lo que se llamaba Goathemala incluía _____

_____

Actividad F Escucha y escribe.

_____

_____

Actividad G Escucha y escribe.

_____

_____

_____

Lección 2: Gramática

Actividad A Escucha y habla.

Actividad B Escucha y contesta.

Actividad C Escucha y contesta.

Actividad D Escucha y habla.

Actividad E Escucha y habla.

Actividad F Escucha y habla.

Actividad G Escucha y contesta.

Actividad H Escucha y habla.

Actividad I Escucha y escoge.

	formal	familiar
1.	☐	☐
2.	☐	☐
3.	☐	☐
4.	☐	☐
5.	☐	☐
6.	☐	☐
7.	☐	☐
8.	☐	☐
9.	☐	☐
10.	☐	☐

Actividad J Escucha y habla.

Actividad K Escucha y habla.

Actividad L Escucha y habla.

Actividad M Escucha y habla.

Actividad N Escucha y contesta.

México

CAPÍTULO

5 México

Lección 1: Cultura
Vocabulario

A Completa.

1. El escultor _____ en su taller.

2. _____ es un monumento en posición vertical sobre el suelo.

3. Lo puedes _____ allí en la cocina.

4. Las tropas van a _____ contra las injusticias de los comandantes.

5. El hotel tiene que _____ a muchos huéspedes.

6. El gobierno no debe abusar de los _____ humanos.

7. Ellos van a _____ un viaje largo e importante.

B Da una palabra relacionada.

1. el levantamiento _____

2. el alojamiento _____

3. el emprendimiento _____

4. la colocación _____

C Completa con el pretérito del verbo apropiado.

1. Ellos _____ furiosos.

2. Ella _____ presidenta.

3. Él _____ rico.

4. Él _____ revolucionario.

La geografía

D Corrige la información falsa.

1. México es el mismo tamaño que España.

_____

2. Al norte de México está Guatemala.

_____

3. El clima es templado en la costa oriental.

_____

4. En el centro del país el clima es cálido.

_____

5. México se divide en veinticinco provincias.

_____

6. La Ciudad de México es una ciudad pequeña.

_____

Una ojeada histórica

E Completa.

1. Uno de los primeros grupos indígenas de México fueron los

_____ que trabajaban de

_____ y _____.

2. Los teotihuacanos vivían en los valles de _____ y

_____.

3. Los teotihuacanos establecieron la ciudad de _____.

4. Los mayas eran excelentes _____ y

_____.

5. Los aztecas fueron _____.

6. El dios principal de los aztecas fue _____.

F Escribe un resumen de la leyenda sobre el dios Huitzilopochtli.

_____

_____

_____

_____

_____

_____

La conquista

G Escribe cuando y bajo qué condiciones Cortés llegó a México.

_____

_____

_____

_____

_____

_____

H Describe la leyenda de Quetzalcóatl.

_____

_____

_____

_____

_____

_____

_____

La época colonial y después

I Identifica.

1. la Nueva España _____

_____

2. José Bonaparte _____

_____

3. el padre Hidalgo _____

_____

J Contesta.

1. ¿De qué situación se aprovechó Napoleón III para invadir México?

_____

_____

2. ¿Quiénes aceptaban a los invasores franceses?

_____

3. ¿Quién fue nombrado el emperador de México?

_____

La Revolución mexicana

K Da una descripción breve de la Revolución mexicana.

_____

_____

_____

_____

_____

_____

_____

Lección 2: Gramática

Verbos reflexivos

A   Describe lo que está pasando en cada dibujo.

1. Aurora _____.

    Tú _____.

2. Iván _____.

    Tú _____.

3. Yo _____.

    Él _____.

4. Los muchachos _____.

    Mi hermano y yo _____.

5. Nosotros _____.

   Las muchachas _____.

6. Tú _____.

   Yo _____.

B Completa con el mismo verbo.

1. Yo me duermo en seguida pero él no _____ enseguida.

2. Ellos se sienten bien pero yo no _____ bien.

3. Nosotros nos vestimos elegantemente pero ellos nunca _____ elegantemente.

4. Él se despierta a las siete pero yo _____ a las seis y media.

5. Nosotros nos divertimos siempre pero ustedes no _____ casi nunca.

6. Ellos siempre se sientan en la terraza pero nosotros _____ en el patio.

C Completa con el pronombre reflexivo cuando necesario.

1. ¿Por qué no _____ lavas el carro? Está muy sucio.

2. Ellos siempre lo pasan bien. _____ divierten mucho.

3. ¿A qué hora _____ acuestas al bebé?

4. ¿A qué hora lo _____ despiertas?

5. ¿Él _____ duerme enseguida o no?

6. ¿Cuántas horas _____ duerme?

7. Y tú, ¿a qué hora _____ acuestas y a qué hora _____ levantas?

D Escribe una frase para describir cada dibujo. Usa **se** en cada frase.

1. Ellas _____.

2. Los dos _____.

3. Iván y María _____.

Gramática

La voz pasiva

A Contesta según se indica.

1. ¿Qué idiomas se hablan en México? (español y varios idiomas indígenas)

   _____

2. ¿En qué se divide México? (treinta y un estados y un Distrito Federal)

   _____

3. ¿Qué se ve en la bandera mexicana? (un águila con una serpiente en la boca)

   _____

4. ¿Cuándo se instituyó la reforma agraria en México? (después de la Revolución)

   _____

5. ¿Qué se puede observar en Chichén Itzá y Monte Albán? (las magníficas ruinas de los indígenas)

   _____

   _____

6. ¿Dónde se preparó el primer mole poblano? (en el Convento de Santa Rosa en Puebla)

   _____

7. ¿Qué se come en México? (muchas tortillas de maíz)

   _____

B Cambia los titulares según el modelo.

   MODELO   **El gobierno aprueba ley de inmigración →**
   Ley de inmigración (fue) aprobada por el gobierno

1. Un camión atropelló a niño de cinco años

   _____

2. Estados Unidos declaró una guerra contra drogas

   _____

3. Dos agentes de policía arrestaron a dos delincuentes

   _____

4. El guardacostas rescató a las víctimas

   _____

Gramática
Presente perfecto

A Da el participio pasado.

1. mirar _____

2. vender _____

3. vivir _____

4. escribir _____

5. abrir _____

6. freír _____

7. romper _____

8. ver _____

9. hacer _____

10. decir _____

B Escribe frases según el modelo.

MODELO   decir →
Hasta ahora él no ha dicho nada.

1. comer

_____

2. aprender

_____

3. recibir

_____

4. hacer

_____

5. escribir

_____

6. ver

_____

C Forma frases en el presente perfecto.

    1. todavía / yo / no / le / escribir / Tomás

_____

    2. ¿y cuántas veces / yo / te / decir / mismo / cosa?

_____

    3. ¿y cuántas veces / tú / me / prometer / escribirle?

_____

    4. pero tú sabes / por qué / yo / no / lo / hacer

_____

    5. no, no sé / por qué / tú / no / le / escribir

_____

    6. pues / yo / no / tener / tiempo

_____

    7. ¿tú / no / tener / tiempo?

_____

    8. y tú / recibir / tres / carta / él

_____

D Escribe un párrafo describiendo lo que has hecho hoy.

_____

_____

_____

_____

_____

Gramática

Pluscuamperfecto

E Cambia cada frase según el modelo.

    MODELO   **Yo he salido. →**
                Yo ya había salido.

1. Él ha vuelto.

   _____

2. Ellos lo han escrito.

   _____

3. Lo hemos puesto allí.

   _____

4. Tú lo has roto.

   _____

5. He puesto la mesa.

   _____

6. Se han levantado contra los invasores.

   _____

7. Hemos terminado.

   _____

8. Ella me lo ha dicho.

   _____

Gramática

Presente perfecto del subjuntivo

Ⓐ Completa. Pon lo que escribes en el pasado.

1. Me alegro de que ustedes _____.

2. Tengo miedo de que él _____.

3. Le gusta que nosotros _____.

4. Espero que tú _____.

5. Es posible que ellos _____.

6. ¿Dudas que yo _____?

7. No creo que tú _____.

Gramática

Colocación de los pronombres de complemento

A Sigue el modelo.

MODELO   **Ella está hablando al agente de la línea aérea. →**
Ella está hablándole.
Ella le está hablando.

1. El pasajero está facturando el equipaje.

    _____

    _____

2. El agente está pesando las maletas.

    _____

    _____

3. El agente está poniendo los talones.

    _____

    _____

4. El agente quiere ver su pasaporte.

    _____

    _____

5. El agente le va a devolver su pasaporte.

    _____

    _____

B Completa la tabla.

1. hábleme	_____	_____	no me hables
2. _____	no me lo dé	_____	_____
3. _____	_____	ponlo aquí	_____
4. _____	_____	_____	no me lo devuelvas
5. léamela	_____	_____	_____
6. _____	_____	levántate	_____
7. _____	no me las compre	_____	_____
8. pídaselo a él	_____	_____	_____

CAPÍTULO 5 México

Lección 1: Cultura

Actividad A Escucha y repite.

Actividad B Escucha y contesta.

Actividad C Escucha y escoge.

	correcta	incorrecta
1.	☐	☐
2.	☐	☐
3.	☐	☐
4.	☐	☐
5.	☐	☐

Actividad D Escucha.

Actividad E Escucha y escribe.

1. olmecas _____

2. mayas _____

3. toltecas _____

Actividad F Escucha y escoge.

1. a   b
2. a   b
3. a   b
4. a   b

Lección 2: Gramática

Actividad A Escucha y contesta.

Actividad B Escucha y contesta.

Actividad C Mira y habla.

MODELO

Alejandro lava al perro.

1.

2.

3.

4.

5.

Actividad D Escucha y contesta.

Actividad E Escucha y contesta.

Actividad F Escucha y contesta.

Actividad G Escucha y contesta.

Actividad H Escucha y contesta.

Actividad I Escucha y habla.

Actividad J Escucha y contesta.

Actividad K Escucha y habla.

Actividad L Escucha y contesta.

Actividad M Escucha y contesta.

Actividad N Escucha y contesta.

Actividad O Escucha y contesta.

El Caribe

El Caribe

Lección 1: Cultura
Vocabulario

Ⓐ Expresa de otra manera.

1. Ellos tenían costumbres *diferentes de* las de los otros grupos.

_____

2. La batalla *ocurrió repentina y violentamente* el cinco de abril.

_____

3. Es *una cordillera* de montañas muy larga.

_____

4. Le *robaron de todo.*

_____

5. Él *puso pie en la* tierra y la besó.

_____

La geografía

Ⓑ Identifica y describe.

1. el Caribe

_____

_____

2. las Grandes Antillas

_____

_____

3. las estaciones en la región caribeña

_____

_____

Una ojeada histórica

C   Corrige la información falsa.

1. Hoy día La Española es Cuba y la República Dominicana.

   _____

2. Los españoles trataban bien a los indígenas de La Española.

   _____

3. A los indígenas les gustaban los nuevos emplazamientos de los españoles.

   _____

4. Cristóbal Colón fundó la ciudad de Santo Domingo.

   _____

D   Identifica.

1. un corsario

   _____

   _____

2. un pirata

   _____

   _____

E   Contesta.

1. ¿Quién conquistó Cuba?

   _____

2. ¿Cuántas ciudades habían establecido los españoles en solo dos años?

   _____

3. ¿Quiénes habitaban Cuba cuando llegaron los españoles?

   _____

4. ¿Por qué empezó a llegar a Cuba gente esclavizada de África?

   _____

   _____

5. ¿Quiénes eran dos grandes héroes de la independencia de Cuba?

   _____

6. ¿Qué pasó en Cuba en 1959?

_____

_____

7. ¿Quiénes salieron de Cuba para instalarse en España o Estados Unidos?

_____

F Escribe una sinopsis de la historia de Puerto Rico.

_____

_____

_____

_____

_____

_____

_____

Lección 2: Gramática
Futuro y condicional

A Escribe en el futuro.

1. Ella va a hacer una llamada.

   _____

2. La línea va a estar ocupada.

   _____

3. Sus amigos van a estar hablando.

   _____

4. Ella va a tener que esperar.

   _____

5. Ella va a tener que hacer la llamada otra vez.

   _____

6. Ella va a hacer la llamada por segunda vez.

   _____

7. Otra vez la línea va a estar ocupada.

   _____

8. Ella va a salir de la cabina telefónica.

   _____

9. Ella va a esperar cinco minutos más.

   _____

10. Luego ella va a perder paciencia.

    _____

11. Va a entrar de nuevo en la cabina.

    _____

12. Va a descolgar el auricular y marcar el número.

    _____

13. Por fin su amigo va a contestar.

    _____

14. Ella va a querer saber cuál es el problema.

    _____

15. Ella se lo va a decir.

    _____

B Completa con el condicional de los verbos indicados.

1. Yo _____ la mesa pero no sé dónde están los platos. (poner)

2. Yo te lo _____ pero no sé los detalles. (decir)

3. Él _____ enseguida pero no puede porque su hijo tiene el carro. (salir)

4. Ellos lo _____ pero desgraciadamente tienen que estar en la oficina. (hacer)

5. Yo sabía que tú no _____ la paciencia que yo tengo. (tener)

6. Ellos _____ pero no pueden porque su padre está enfermo. (venir)

Gramática

Futuro perfecto y condicional perfecto

A Escribe cinco cosas que tú habrás hecho antes del fin de este año.

1. _____
2. _____
3. _____
4. _____
5. _____

B Completa con el condicional perfecto de una manera lógica.

1. Yo _____ pero no lo hice porque empezó a llover.

2. Mis amigos _____ a España pero no fueron porque no tenían suficiente dinero.

3. Yo sé que tú _____ pero no lo hiciste porque tenías miedo.

4. Nosotros _____ pero no pudimos porque no nos quedó suficiente tiempo.

5. Yo _____ pero no lo hice porque yo sé que mis padres _____ furiosos.

C Escribe cinco cosas que tú habrías hecho pero que no hiciste porque tus padres no te permitieron o no te habrían permitido.

1. _____
_____
2. _____
_____
3. _____
_____
4. _____
_____
5. _____
_____

Gramática

Pronombres demostrativos

A   Escribe frases según el modelo. Haz todos los cambios necesarios.

MODELO   **reloj →**
Este reloj cuesta cien pesos y aquel cuesta ciento veinte. Este cuesta más que aquel. Ese que tú estás mirando cuesta aún más.

1. pulsera

_____

_____

_____

2. gafas para el sol

_____

_____

_____

3. anillo

_____

_____

_____

4. cartera

_____

_____

_____

5. zapatos

_____

_____

_____

Gramática

Pronombres posesivos

Ⓐ Contesta con un pronombre posesivo.

1. ¿Estás buscando tu pasaporte?

_____

2. ¿Has visto mi boleto?

_____

3. ¿Tienes nuestros pasabordos?

_____

4. ¿Tienes los pasaportes de Felipe y Enrique también?

_____

5. ¿Vas a facturar tus maletas?

_____

6. ¿Va a poner Enrique sus documentos en su equipaje de mano?

_____

_____

7. ¿Va a caber tu equipaje de mano debajo del asiento?

_____

_____

8. ¿Vamos a manejar el carro de Susana al aeropuerto?

_____

_____

Gramática

Pronombres relativos

A Completa con un pronombre relativo.

1. José es una persona _____ tiene metas _____ cumple.

2. Es una persona en _____ todos podemos tener mucha confianza.

3. El José de _____ me hablas es José González, ¿no?

4. Sí, y _____ me gusta de José es que es una persona

   _____ tiene mucha ambición pero él es simpático y amistoso
   también.

5. Yo estoy de acuerdo contigo. Él me habló de varios proyectos _____
   tiene.

6. Él piensa abrir una agencia de seguros. De todos los planes _____

   tiene es _____ me gusta más. A mi parecer es

   _____ le ofrece más oportunidades.

B Completa con pronombres relativos.

1. El libro _____ estoy leyendo es interesante.

   Es el libro _____ está en la mesa.

   Es el libro de _____ te hablé ayer.

2. La joven _____ acaba de llegar es inteligente y simpática.

   Es la muchacha _____ ves allí con Teresa.

   Es _____ está con Teresa.

   Es la muchacha de _____ te hablaba ayer.

   Es _____ ya ha publicado dos novelas.

Gramática

Las conjunciones y/e, o/u

Ⓐ Completa.

1. César _____ Irene son buenos amigos.

2. ¿Quién lo dijo? ¿Ella _____ usted?

3. ¿Es deshonesto _____ honesto tu mejor amigo?

4. ¿Usted _____ ella, los dos van con nosotros, ¿no?

5. Hay muchas plantas _____ hierbas en su jardín.

El Caribe

Lección 1: Cultura

Actividad A Escucha y repite.

Actividad B Escucha y contesta.

Actividad C Escucha y escoge.

	sí	no
1.	☐	☐
2.	☐	☐
3.	☐	☐
4.	☐	☐

Actividad D Escucha.

Actividad E Escucha y escribe.

1. La Habana _____

_____

2. el Faro en Santo Domingo _____

_____

3. el Viejo San Juan _____

_____

4. las Cuevas de Camuy _____

_____

Lección 2: Gramática

Actividad A Escucha y escoge.

	futuro	condicional		futuro	condicional
1.	☐	☐	4.	☐	☐
2.	☐	☐	5.	☐	☐
3.	☐	☐	6.	☐	☐

Actividad B Escucha y contesta.

Actividad C Escucha y habla.

Actividad D Escucha y contesta.

Actividad E Escucha y contesta.

Actividad F Escucha y habla.

Actividad G Escucha y habla.

Actividad H Escucha y habla.

Actividad I Escucha y habla.

Venezuela y Colombia

CAPÍTULO 7

Venezuela y Colombia

Lección 1: Cultura
Vocabulario

A Completa.

1. El _____ lacustre a orillas del río está sobre pilotes.

2. Hay mucho tráfico de barcos en la _____ del río Magdalena y el Caribe.

3. Cerca de Santa Marta hay muchas _____ con playas pintorescas.

4. Hace mucho tiempo que no llueve. Ha sido una _____ larga.

5. Hay muchas lanchas y barcos _____ (en el río) que transportan mercancías y pasajeros.

6. A orillas de los ríos en las zonas tropicales hay vegetación

   _____.

7. Una _____ que tiene

   _____ no está en buenas condiciones financieras.

8. Lo tendré en mi memoria para siempre. Fue una cosa

   _____.

9. La empresa que él estableció tenía tanto éxito que él

   _____ personalmente.

10. A mi parecer hay poca diferencia entre los documentos. Los tres

    _____ mucho.

La geografía

B Identifica.

1. el tamaño de Venezuela

   _____

   _____

2. la cuenca del Orinoco

_____

_____

_____

3. los llanos venezolanos

_____

_____

4. el lago Maracaibo

_____

_____

5. las divisiones geográficas de Colombia

_____

_____

_____

6. el río Magdalena

_____

_____

_____

7. Bogotá

_____

_____

8. Medellín

_____

_____

_____

Una ojeada histórica

C   Contesta.

1. ¿Qué país dio vida a la famosa leyenda de *El Dorado*?

_____

_____

2. ¿Quién debía mucho dinero a unos banqueros alemanes?

_____

_____

3. Como consecuencia, ¿qué les dio?

_____

_____

4. ¿Cómo se llamaban los banqueros alemanes?

_____

_____

5. ¿Quién fue Ambrosio Alfinger?

_____

_____

6. ¿Qué hizo Nicolás de Federman?

_____

_____

7. Había tres señores que se encontraron en Bogotá. ¿Quiénes fueron? ¿Bajo qué circunstancias llegó cada uno de ellos a Bogotá?

_____

_____

_____

_____

8. ¿En qué sentido salió victorioso Gonzalo Jiménez de Quesada?

_____

_____

D Describe el papel que jugó Simón Bolívar en la lucha por la independencia de la Gran Colombia.

_____

_____

_____

_____

_____

_____

E Contesta.

1. ¿Qué le pasó a la Gran Colombia? ¿Por qué?

_____

_____

_____

2. ¿Cómo murió Simón Bolívar?

_____

_____

_____

Lección 2: Gramática
El imperfecto del subjuntivo

A Contesta.

What form of the verb serves as the stem for the formation of the imperfect subjunctive of all verbs?

_____

_____

B Completa con la forma apropiada del verbo indicado.

1. Yo preferiría que él lo _____ pero él prefirió que yo lo

   _____. (hacer, hacer)

2. Él quería que (nosotros) lo _____ pero quería que otro

   nos lo _____. (saber, decir)

3. Dudé mucho que ellos _____ comprender la situación.
   (poder)

4. Sería necesario que ustedes se lo _____ a Enrique.
   (pedir)

5. Y Enrique nos pidió que lo _____. (ayudar)

6. Me alegraba de que ellos _____. (venir)

C Completa cada frase. Luego cambia el primer verbo al imperfecto y haz todos los cambios necesarios.

1. Es importante que ellos _____ a tiempo. (llegar)

   _____

2. Quiero que ellos _____ pero temo que no _____.
   (estar, asistir)

   _____

3. ¿Prefieres que lo _____ yo o que lo _____ ellos?
   (hacer, hacer)

   _____

4. Temo que él _____ la empresa y que no _____
   éxito. (empezar, tener)

   _____

5. Es necesario que tú _____ de acuerdo con él. (ponerse)

   _____

D Completa cada frase. Luego cambia el primer verbo al condicional y haz todos los cambios necesarios.

1. Será necesario que todos nosotros _____ juntos. (ir)

_____

2. Ella hablará de una manera clara para que sus estudiantes _____. (comprender)

_____

3. Él lo hará con tal de que tú lo _____. (hacer)

_____

4. Saldrán sin que nosotros lo _____. (saber)

_____

5. Ellos estarán a menos que _____ enfermos. (estar)

_____

Gramática

El subjuntivo con conjunciones de tiempo

A Escribe cuatro frases con **cuando, en cuanto, tan pronto como, hasta que** o **después de que.**
Escribe el primer verbo en el pasado.

1. _____
2. _____
3. _____
4. _____

B Escribe cuatro frases con **cuando, en cuanto, tan pronto como, hasta que** o **después de que.**
Escribe el primer verbo en el futuro.

1. _____
2. _____
3. _____
4. _____

C Escribe dos frases con **antes de que** con el primer verbo en el futuro. Luego escribe dos
frases más con el primer verbo en el pretérito.

1. _____
2. _____
3. _____
4. _____

Gramática

El subjuntivo con aunque

A Escribe cuatro frases con **aunque**. Después explica por qué usaste un verbo en el indicativo o en el subjuntivo.

1. _____
   _____

2. _____
   _____

3. _____
   _____

4. _____
   _____

Gramática

Por y para

Ⓐ Completa con **por** o **para.**

1. Ellos salen hoy _____ Medellín.

2. Yo no pude ir, así que Carlota fue _____ mí.

3. Ellos querían dar un paseo _____ el Retiro.

4. Yo compré los regalos _____ Luisa pero son _____ Teresa.

5. Los niños corrieron _____ todas partes.

6. Estoy aquí _____ estudiar, no _____ divertirme.

7. _____ cubano, habla muy bien el inglés.

8. ¿Me puede decir cuándo sale el tren _____ Córdoba?

9. Si él no lo puede hacer, ¿lo puedes hacer _____ él?

10. Ellos estuvieron en las montañas _____ dos semanas, o sea, quince días.

11. _____ inglés, Keith habla muy bien el español.

12. Él me dio un euro _____ un dólar.

13. _____ despacio que hable es imposible entenderlo.

14. _____ un joven, viaja mucho.

15. Esta bolsa es _____ mi madre.

16. No tengo mucha confianza en el correo. ¿Por qué no lo mandamos _____ correo electrónico?

17. El héroe luchó y murió _____ su patria.

18. Ellos tienen que terminar el trabajo _____ la semana que viene.

19. Ellos estarán aquí _____ Navidad o Año Nuevo.

20. _____ el día veinte y cinco tienen que estar en Almería.

B Escribe de nuevo con **por** o **para**.

1. Papá no podía asistir, así que yo fui *en lugar de* él.

   _____

2. Los chicos están corriendo *en* la calle.

   _____

3. Voy a la tienda *en busca de* frutas y legumbres.

   _____

4. Mis padres lo pagaron *en vez de* mí.

   _____

5. Subimos al tren *con destino a* Balboa.

   _____

6. *A pesar de que es* rico, no es generoso.

   _____

7. La ciudad fue destruida *a causa de* la guerra.

   _____

8. Me gusta mucho viajar *en* Perú. Es un país muy interesante.

   _____

CAPÍTULO 7

Venezuela y Colombia

Lección 1: Cultura

Actividad A Escucha y repite.

Actividad B Escucha y escoge.

	sí	no
1.	☐	☐
2.	☐	☐
3.	☐	☐
4.	☐	☐
5.	☐	☐
6.	☐	☐

Actividad C Escucha y contesta.

Actividad D Escucha.

Actividad E Escucha y escoge.

1. a   b
2. a   b
3. a   b
4. a   b
5. a   b

Lección 2: Gramática

Actividad A Escucha y escoge.

	pretérito	imperfecto del subjuntivo
1.	☐	☐
2.	☐	☐
3.	☐	☐
4.	☐	☐
5.	☐	☐
6.	☐	☐
7.	☐	☐
8.	☐	☐
9.	☐	☐
10.	☐	☐

Actividad B Escucha y habla.

Actividad C Escucha y contesta.

Actividad D Escucha y habla.

Actividad E Escucha y contesta.

Actividad F Escucha y contesta.

Actividad G Escucha y contesta.

Actividad H Escucha y contesta.

Estados Unidos

CAPÍTULO
8

Estados Unidos

Lección 1: Cultura

Vocabulario

Ⓐ Parea.

1. _____ ilustre   **a.** indígena
2. _____ proveer   **b.** hospedar
3. _____ autóctono   **c.** tomar algo por fuerza
4. _____ apoderarse de   **d.** dar lo necesario
5. _____ albergar   **e.** renombrado

Ⓑ Identifica.

1. el censo _____

2. autóctono _____

3. la etnia _____

Lectura

Ⓒ Explica el origen o la derivación del término «hispano».

_____
_____
_____
_____
_____
_____

Ⓓ Identifica los muchos grupos hispanohablantes que viven en Estados Unidos.

_____
_____
_____
_____
_____
_____

E Explica como es que la gente hispanohablante en Estados Unidos pertenece a un grupo
mucho más heterogéneo que solo el grupo de su país de origen.

_____

_____

_____

_____

_____

_____

Lección 2: Gramática

Pluscuamperfecto del subjuntivo

A   Cambia el primer verbo del presente al pretérito o del futuro al condicional y haz los cambios necesarios.

1. Dudo que ellos hayan terminado.

   _____

2. Nos sorprende que él lo haya dicho.

   _____

3. ¿Te gusta que les haya interesado tanto?

   _____

4. Es bueno que ellos hayan resuelto el problema.

   _____

5. Será posible que ellos ya hayan vuelto.

   _____

6. Les sorprenderá que tú no me hayas dicho nada.

   _____

7. Él dudará que yo no haya terminado el trabajo.

   _____

Gramática

Cláusulas con si

A Escribe dos frases más. Sigue el modelo.

MODELO
    a. Tú asistirás al concierto si yo también asisto.
    b. Tú asistirías al concierto si yo también asistiera.
    c. Tú habrías asistido al concierto si yo también hubiera asistido.

1. a. Yo iré a California si alguien me da el dinero.

    b. _____

    c. _____

2. a. _____

    b. Ellos lo harían si tuvieran más tiempo.

    c. _____

3. a. _____

    b. _____

    c. Él nos habría dado ayuda si la hubiéramos necesitado.

4. a. Llegaré a tiempo si no pierdo el bus.

    b. _____

    c. _____

5. a. _____

    b. Yo iría si ellos me invitaran.

    c. _____

6. a. Él hará el viaje si tiene bastante dinero.

    b. _____

    c. _____

B Escribe seis frases originales con **si**.

    1. _____

    2. _____

    3. _____

    4. _____

    5. _____

    6. _____

Gramática

El subjuntivo en cláusulas adverbiales

A Completa.

1. Él no podrá hacerlo sin que tú lo _____. (ayudar)

   Él no podría hacerlo _____.

2. Ellos no irían a menos que yo _____. (ir)

   Ellos no irán _____.

3. Ellos no sabrán nada con tal de que tú no les _____ nada. (decir)

   Ellos no sabrían _____.

4. Ella hablaría de manera que todos nosotros la _____. (comprender)

   Ella hablará _____.

5. Lo haré para que tú _____ que estoy hablando en serio. (saber)

   Lo hice _____.

B Escribe una frase original con cada una de las siguientes conjunciones.

para que	**sin que**	**a menos que**

1. _____

2. _____

3. _____

Gramática

Adjetivos apocopados

A Completa la conversación.

—Carlitos es un _____ niño. (bueno)
₁

—Es verdad. Es adorable. ¿En qué grado está ahora?

—Está en el _____ grado. (primero)
₂

—No me lo digas. Parece que entró ayer en el kinder.

—_____ día va a ser un _____ hombre. (alguno, grande)
₃   ₄

—Será el más importante de toda la ciudad de _____ Domingo. (Santo)
₅

Gramática

Usos especiales de los artículos

A Contesta.

1. ¿Cuáles son algunos animales?

   _____

2. ¿Cuáles son algunas ciencias?

   _____

3. ¿Cuáles son algunos idiomas?

   _____

4. Por lo general, ¿qué les gusta a los niños?

   _____

5. ¿Cuál es tu estación favorita del año?

   _____

6. ¿Cuál es tu deporte favorito?

   _____

B Completa con el artículo definido cuando necesario.

—Buenos días, _____ señorita Gómez.
             1

—Buenos días, _____ señor Guillén. ¿Cómo está usted?
             2

—Muy bien. ¿Está _____ doctor Jiménez hoy?
                3

—Lo siento mucho. En este momento _____ doctor Jiménez no está. Hubo una
                                  4
emergencia en el hospital.

—¿Sabe usted a qué hora va a volver?
 (Suena el teléfono.)

—Perdón, un momentito, _____ señor Guillén.
                       5
 (Contesta el teléfono.)

—¡Aló! Ah, _____ doctor Jiménez. En este momento está _____ señor
           6   7
Guillén en la consulta. Quiere saber a qué hora usted volverá al consultorio. Ah, bien. Se
lo diré.
 (_____ señorita Gómez cuelga el teléfono.)
    8

—¡Desgraciadamente _____ doctor Jiménez no volverá esta tarde! Tiene que
                   9
operarle a un paciente. ¿Puede usted volver mañana por la mañana a las diez,
_____ señor Guillén?
    10

—De acuerdo, _____ señorita. Estaré aquí mañana a las diez.
             11

C Contesta según la conversación.

1. ¿Dónde está el señor Guillén?

_____

2. ¿Con quién habla él?

_____

3. ¿Con quién quiere hablar?

_____

4. ¿Está o no está el doctor Jiménez?

_____

5. ¿Quién contesta el teléfono?

_____

6. ¿Quién llama?

_____

7. ¿Por qué no volverá al consultorio el doctor Jiménez?

_____

_____

8. ¿Para cuándo tiene cita con el doctor Jiménez el señor Guillén?

_____

_____

D Lee una vez más la conversación en la Actividad B. Luego escribe en tus propias palabras todo lo que pasó en el consultorio.

_____

_____

_____

_____

_____

_____

E Completa con el artículo definido cuando necesario.

1. _____ lunes es el primer día de la semana.

2. Mi hermano sale para Madrid _____ lunes.

3. Tenemos clases _____ lunes.

4. _____ lunes y _____ martes son días laborables.

5. _____ sábado y _____ domingo son días feriados.

F Contesta según se indica.

1. ¿Qué es el doctor Suárez? (profesor)

_____

2. ¿Qué tipo de profesor es? (fantástico)

_____

3. ¿Qué es la doctora Casals? (cirujana)

_____

4. ¿Qué tipo de cirujana es? (ortopédica muy buena)

_____

CAPÍTULO
8

Estados Unidos

Lección 1: Cultura

Actividad A Escucha y repite.

Actividad B Escucha y escoge.

	sí	no
1.	☐	☐
2.	☐	☐
3.	☐	☐
4.	☐	☐
5.	☐	☐

Actividad C Escucha.

Actividad D Escucha y escribe.

1. el término «hispano»

   _____

   _____

2. los indígenas de las Américas

   _____

   _____

3. la diferencia entre la clasificación de los hispanos y los otros grupos que viven en Estados Unidos

   _____

   _____

4. la heterogeneidad de la población hispana

   _____

   _____

Lección 2: Gramática

Actividad A Escucha y habla.

Actividad B Escucha y habla.

Actividad C Escucha y contesta.

Actividad D Escucha y escoge.

    1. a   b   c

    2. a   b   c

    3. a   b   c

    4. a   b   c

    5. a   b   c

Actividad E Escucha y contesta.

Actividad F Escucha y contesta.